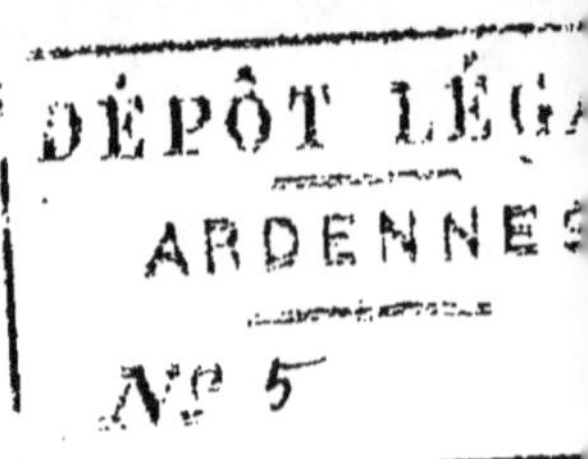

A LA MÉMOIRE

DES

# HABITANTS DE ROCROI

MORTS POUR

## LA FRANCE

### PENDANT LA GUERRE DE 1870-1871

« Vita mutatur, non tollitur... »
(Office des morts.)

Lundi, 21 août, à neuf heures du matin, toute la ville de Rocroi était en deuil. Elle rendait un suprême hommage à ceux de ses enfants qui sont tombés sur les divers champs de bataille d'une guerre encore si proche de nous.

C'est une pieuse coutume que tous les ans, le lendemain de sa fête patronale, les vivants s'assemblent pour offrir leurs prières en faveur des morts.

Quelle tristesse, cette année, a assombri cette fête, et quel surcroît de douleurs s'est ajouté à cet anniversaire ! Que de sujets de gémissements dans presque toutes les familles ! Qui n'avait pas perdu un parent ou un ami pendant ces longs mois d'une invasion formidable, sous l'influence d'alarmes incessantes, ou après ce bombardement de six heures, du 5 janvier, qui, en pleine épidémie, consuma tout un côté de trois rues de la ville et n'empêcha point l'ennemi de prendre la place laissée sans défense!

Aussi, nul, même parmi les plus épargnés, ne se serait cru en droit de se réjouir au milieu de tant de larmes.

Il faut même rendre justice à l'occupation allemande qui a compris et respecté l'expression publique de sentiments si chers au cœur de tout homme bien né.

M. le sous-préfet avait, d'ailleurs, eu le soin de faire connaître au commandant saxon que le service funèbre demandé par les jeunes gens de la ville et qui devait, à cause des victimes de la guerre, être entouré de toute la solennité possible, n'était point une manifestation hostile pour nos hôtes obligés, mais seulement un devoir de reconnaissance et un témoignage de fraternel patriotisme. Il avait obtenu que les abords de l'église fussent interdits aux militaires allemands, par surcroît de prudence, pendant toute la durée de la cérémonie religieuse.

Le sanctuaire était décoré de ses riches tentures de deuil parsemées de larmes d'argent, et de ses oriflammes funèbres laissant lire dans leurs plis des versets de l'Écriture Sainte appropriés à la solennité et entre autres celui-ci : « C'est une salutaire pensée de prier pour les morts, » qui a été appliqué pour la première fois précisément aux soldats morts en héros pour le salut de leur patrie.

Les lumières étincelantes sur le fond noir des draperies, comme les astres scintillants du soir, jaillissaient à flots des autels et du catafalque et semblaient être autant d'images des âmes qu'on honorait dans leur nouvelle existence.

Sur le modeste trophée on voyait avec bonheur reparaître le drapeau français proscrit dans le reste de la cité ; on y arrêtait aussi des regards émus sur les insignes du soldat, étendus en forme de croix, toujours honorés et glorieux ; car ce n'est pas le succès qui fait la valeur du sacrifice.

L'orphéon de la ville, après avoir, pendant près d'une année, laissé dans l'oubli les accords de ses instruments que couvrait le bruit du canon, était venu mêler aux harmonies de l'orgue ses mélodieuses tristesses.

M. Henry de Suckau, sous-préfet, les membres du

Tribunal et du Parquet, la municipalité, les fonctionnaires de toutes les administrations s'étaient associés aux habitants pour payer un tribut de regrets aux infortunées victimes de nos malheurs. Jamais l'église de Rocroi ne vit pareille affluence ni autant de recueillement. On se sentait, malgré soi, entrer en communion avec les choses de l'autre vie, à mesure que les chants sacrés, au milieu du lugubre gémissement des clôches, déroulaient leurs grandes images de religieuse terreur et leurs consolantes pensées d'espérance.

Mais l'émotion fut surtout vive en entendant la voix attendrie du Pasteur de ces familles en deuil se faire, du haut de la chaire, l'interprête des regrets et des supplications de toute la paroisse vis-à-vis de ceux qui l'ont quittée pour toujours.

Ah! plus d'une larme a coulé quand, avant de réciter les prières, il a proclamé les noms de chacun d'eux en indiquant les champs de bataille sur lesquels ils ont succombé; voici ces noms :

MANCEAUX, Louis-Antoine, né à Rocroi, le 8 août 1820, capitaine des zouaves de la garde, tué à Gravelotte.

GEOLTRAIN, Edouard-Léopold, né à Rocroi, le 20 avril 1843, officier d'administration, mort dans les ambulances de Metz.

DEVALLÉE, Thomas-Eugène, né à Rocroi, le 26 janvier 1840, sergent au 75me de ligne, blessé grièvement à Bapeaume et mort dans cette ville à la suite d'une amputation douloureuse.

MARBY, Auguste, né à Rocroi, le 10 août 1847, artificier, tué par l'explosion de Vincennes.

IRLANDE, Jean-Louis-Félix, né à Rocroi, le 20 mars 1825, parti comme volontaire, à 45 ans, tué sous les remparts de Metz.

Nous reproduisons assez exactement la touchante et patriotique allocution prononcée par M. l'abbé Loupot, archiprêtre. Conservée dans le souvenir des parents avec les noms de leurs enfants, elle sera leur consolation pendant les jours qu'ils auront à vivre séparés d'eux.

« Nous lisons, dit-il, dans l'histoire sainte qu'un jour les Israélites, trop confiants en eux-mêmes, attaquèrent imprudemment des ennemis supérieurs en nombre. Ils n'avaient point consulté le Seigneur. Dieu les abandonna à leur faiblesse, et, après une lutte acharnée, ils durent chercher leur salut dans la fuite, laissant sur le champ de bataille un grand nombre de morts et de blessés. Ils n'étaient point, dit le texte sacré, de la race de ceux qui devaient sauver Israël. Judas Machabée accourut à la tête d'une petite troupe pleine d'ardeur, et, plein de confiance au Dieu des armées, il se jeta sur les ennemis et les défit complétement. La paix ne tarda pas à se conclure et le premier soin du chef israélite fut de faire célébrer à Jérusalem un service pour ceux qui étaient morts sur le champ de bataille.

« N'êtes-vous pas frappés, comme moi, de l'étonnante analogie qui se rencontre entre ce fait emprunté à l'histoire juive et les événements qui se déroulent actuellement sous nos yeux.

« Je ne ferai pas l'historique de cette guerre désastreuse qui vient de se dénouer d'une manière si fatale. Commencée sans avoir Dieu pour nous, poursuivie avec une infortune qui a frappé nos ennemis eux-mêmes, soutenue avec une opiniâtreté que l'abandon manifeste du ciel ne décourageait point, elle s'est terminée comme vous savez. Ce n'est pas le temps ni le lieu de récriminer ni contre l'ennemi ni contre les gouvernants. D'autres pensées nous préoccupent en ce moment, et votre présence ici en si grand nombre et dans une attitude si recueillie m'interdit tout retour amer vers un passé qu'il n'est pas possible d'anéantir.

« Donc, à l'exemple de Judas Machabée, vous avez voulu donner une pensée à la mémoire de ceux que nous avons perdus pendant la guerre et, à défaut d'autre soulagement, une prière pour l'adoucissement de leurs souffrances.

« Vous n'êtes pas de ceux qui voient dans la mort l'anéantissement de tout l'être humain et qui disent avec un cynisme effrayant que tout finit au tombeau.

« S'il était vrai que l'homme n'est que matière et qu'il ne reste après la mort de ceux que nous pleurons qu'un peu de poussière, ce serait une folie de consacrer à leur mémoire des monuments et des chants, ce serait une folie de célébrer leurs louanges et de rappeler les hauts faits qui les distinguent. S'il ne reste rien de ceux que nous avons perdus, ils ont été bien sots de se faire tuer pour la Patrie; ils auraient mieux fait de jouir du présent sans s'inquiéter d'autre chose !

« Arrière, donc, ceux qui disent que l'autre vie est une chimère et qu'au delà de la tombe il n'y a que le néant. Loin de nous aussi ces hommes inconséquents qui, croyant à l'autre vie, ne veulent pas de prières pour leurs morts. Comment ! il n'y aurait pas un lieu intermédiaire entre celui des joies sans limites et celui des tourments sans mesure ! Mais que fait-on, alors, des hommes qui ne sont ni tout à fait bons ni tout à fait mauvais ? Où les placer ? Avec les saints ? Mais il est dit que rien de souillé ne saurait entrer dans la patrie des élus. Avec les réprouvés ? Mais ils n'ont rien de grave à se reprocher, et, bien que leur conscience ne soit pas complétement pure, le portrait divin qui y fut gravé au baptême n'est que terni, mais non pas détruit. L'Église catholique, plus sage et plus consolante, a cru, croit, affirme qu'il y a entre le ciel et la terre un endroit qu'elle nomme Purgatoire, où achèvent de se purifier les âmes qui sont sorties du monde avec des fautes légères.

« Et c'est parce que vous pensez comme elle que vous êtes réunis en ce moment; c'est parce que vous craignez que nos frères ne soient retenus dans les prisons du Purgatoire que vous venez mêler vos prières au nôtres. Je vous félicite d'avoir eu cette chrétienne et patriotique pensée. Sans doute nos sympathies et nos larmes ne rendront pas à des familles éplorées ceux qu'elles regrettent, mais du moins nous adoucirons leur douleur en la partageant !

« Parents et amis de ces victimes de la guerre, consolez-vous; mourir pour la Patrie, c'est presqu'un martyre, et vous savez que l'Église n'a point assez d'éloges pour ceux qui ont mérité ce beau titre.

« Il est triste, je le sais bien, ne n'avoir pu une dernière fois presser la main de ces personnes qu'on aimait, ni leur adresser un dernier adieu, ni verser une larme ou épancher une prière sur la terre qui les recouvre !

« Mais quelle compensation pour cette douleur dans la pensée qu'elles ont succombé pour leur pays ! C'était votre fils, votre époux, votre frère, votre ami. Eh bien, soulevez le voile de sang qui l'environne, regardez : sous ce crêpe funèbre vous apercevrez l'auréole du citoyen fidèle à sa patrie et du chrétien fidèle à son Dieu. Il n'aurait été qu'un homme obscur, égoïste peut-être et méchant ; le voilà ceint d'une couronne magnifique que les siècles ne lui enlèveront pas ; oui, il est presque martyr. Il a donné son sang pour son pays, comme les martyrs le donnaient pour leur foi ; il a mieux aimé risquer sa vie que de commettre une lâcheté. On disait à nos martyrs des premiers siècles : « Sacrifie aux dieux ou meurs, » et ils répondaient courageusement : « Je mourrai, mais je ne sacrifierai pas. » Des lâches ont dit à vos enfants : « Sauve, sauve ta vie, » et eux ont répondu : « Je mourrai, mais je ne m'enfuirai pas. » O France, si tu avais eu beaucoup de ces braves, tu ne serais pas réduite à l'humiliation dans laquelle tu gémis ! Qui nous rendra les guerriers valeureux et les capitaines illustres, un Condé, par exemple, Condé..., j'ose à peine aujourd'hui prononcer son nom dans cette ville !

« Parents chrétiens, ce qui vous désole plus encore que la mort de vos enfants, c'est l'incertitude où vous êtes de l'état dans lequel la mort les a surpris. Étaient-ils préparés à ce compte que chacun doit rendre à Dieu au sortir de la vie? Je n'ai point sondé les secrets divins. Chaque jour je médite avec effroi les châtiments dont Dieu menace les infracteurs de sa loi, et je me surprends à répéter avec le prophète: « N'entrez « point, ô mon Dieu, n'entrez point en jugement avec votre serviteur. » Mais aussi je ne saurais oublier les magnifiques promesses faites au dévouement et à l'oubli de soi-même. Or, qu'est-ce que la mort sur un champ de bataille, sinon la mise en pratique de ces deux vertus? J'irais me sacrifier pour autrui et Dieu ne m'en tiendrait pas compte! Savez-vous comment j'imagine que se passent les choses en ce moment suprême? Permettez-moi ces détails, un peu vulgaires, mais qui pourront consoler plus d'un cœur anxieux. Au moment où la mort s'abat subitement sur une victime, il se produit, pour peu qu'elle ait un reste de foi et d'amour de Dieu, dans l'âme de cet infortuné, une affluence tellement considérable de grâces qu'il lui est bien difficile d'y résister. En moins de temps que je n'en mets à vous le redire, les promesses du baptême et de la première communion se raniment, la crainte des châtiments divins se réveille, l'amour de Dieu reprend sa place, et du fond de cette poitrine qui se remplit, je crois entendre sortir ce cri de la confiance et du repentir : « Pardon, miséricorde, ô mon Dieu ! » Et le pardon est accordé. D'ailleurs, il est rare que les coups de la mort soient si brusques, même sur le champ de bataille. Entre le moment où un fer meurtrier vient briser les membres du soldat et celui où il expire, il se passe quelquefois de longues heures, des jours longs comme un siècle, où l'on ne connait plus ni le sommeil ni le repos. Un ange visible accourt sous les traits d'une sœur de charité ; elle lui parle du prix de la souffrance, de la félicité du ciel ; elle lui présente un crucifix, elle lui montre la petite médaille que sa pieuse mère suspendit à son cou avant de se séparer de lui, et le calme rentre dans son âme agitée ; le prêtre, levant la main sur lui, le réconcilie avec le Dieu de son enfance ; ce soldat meurt en bénissant la Providence et en envoyant à ses parents, qu'il ne reverra plus sur terre, une pensée d'adieu ; et enfin le ciel s'ouvre et compte un élu de plus.

« Ce que je dis est de l'histoire, et il est ici des personnes qui pourraient attester que je n'ai fait que traduire le récit des derniers moments de ceux qu'elles regrettent.

« Ville de Rocroi, console-toi, si tu as perdu des enfants, j'espère que tu as produit des élus pour le ciel. Parents, frères, amis de ceux que nous pleurons, consolez-vous aussi ; ce n'est qu'une séparation momentanée, ce n'est pas un adieu. Un jour nous les retrouverons dans la véritable patrie où il n'y a plus de deuil ni de gémissements.

« Et vous, valeureux soldats, qui avez succombé dans cette guerre néfaste, du haut du ciel où vous régnez, jetez sur nous un regard de compassion. La Patrie est en pleurs. Ah ! demandez qu'elle retrouve sa grandeur et sa joie. Vos parents, vos amis sont en pleurs ; obtenez-leur les consolations qui ne font jamais défaut aux cœurs chrétiens, et puissent tous ceux qui m'entendent n'oublier jamais ces deux mots qui ont été la devise d'un de nos corps d'armée les plus distingués : Dieu et Patrie ! »

Après ce discours religieusement écouté, le défilé des assistants devant le catafalque dura plus d'une demi-heure. L'absoute terminée, le peuple s'en retourna, emportant une profonde impression de cette imposante cérémonie et le cœur content d'avoir satisfait à une pieuse obligation.

Et maintenant, chers concitoyens, après les prières de l'Église, habitez dans la paix sans nuages et sans fin ! Que le concert de nos supplications vous obtienne cet éternel repos qui couronne le combat de la vie !

Vous avez noblement acquitté votre dette filiale envers la France. Il en est même un parmi vous, Félix Irlande,[1] qui, pour défendre son pays, s'est arraché volontairement aux tendresses d'une épouse et d'enfants bien-aimés. Vous êtes les dignes héritiers de vos ancêtres.

Sans doute, Dieu n'a pas permis que vous jouissiez ici-bas des fruits de votre dévouement. Il était décrété que la Patrie verrait bouleversée toute son histoire et confondues toutes ses pensées. Mais les siècles sont longs, et l'avenir, dans les mains divines, peut lui

1 Ancien zouave, ayant servi en Algérie sous les ordres de Mac-Mahon, puis en Crimée ; il venait d'apprendre l'issue des combats de Froschwiller et Reischoffen, aussitôt il s'écrie : « Il faut que j'aille délivrer Mac-Mahon et venger mon pays ! » Le 12 août, il embrasse sa femme et ses quatre petits enfants et arrive près de Metz au moment où le cercle de fer se refermait sur cette ville infortunée. Deux militaires l'ont reconnu à quelques kilomètres d'un fort, le corps traversé par une balle ennemie. Il avait 45 ans !

réserver des triomphes plus grands que ses revers. Elle ne serait pas le premier peuple qui serait ainsi passé par ces étonnantes vicissitudes, et ce ne serait pas la première fois qu'elle-même reprendrait dans le monde sa course interrompue.

Les principes et les traditions qui l'avaient élevée ont toujours la même puissance, et vous, soldats courageux, vous en êtes une glorieuse expression. Vous avez sacré dans un baptême de sang la vertu du sacrifice, votre exemple aura des imitateurs. Au-dessus des intérêts personnels chacun voudra mettre, comme vous, l'intérêt général, la concorde et le patriotisme, et, soldats de foi et de dévouement, quand viendra l'heure infailliblement marquée par Dieu, nous serons prêts.

Et, pendant que des hauteurs célestes où déjà vous triomphez avec les cœurs vaillants, vous assisterez à cette restauration nationale, je vous le dis, sur quelque terre lointaine que vos corps aient été broyés, si ignorée que soit leur tombe, ici, nous graverons dans nos cœurs vos noms en traits ineffaçables, nous garderons fidèlement l'honneur de votre souvenir et nous bénirons à jamais les exemples qui nous aurons sauvés!

Ces simples lignes n'ont été écrites que pour rappeler aux familles atteintes dans leurs membres chéris le témoignage des sympathies universelles dont elles furent l'objet et le culte pieusement rendu à leurs morts.

Mais elles engageront peut-être les jeunes gens de quelqu'autre commune à imiter ceux de Rocroi et à célébrer aussi la mémoire de leurs camarades, héros de la même cause.

De telles solennités n'honorent pas seulement les morts dont elles retracent les vertus; elles resserrent encore les liens entre les vivants, en les faisant souvenir de leurs communes épreuves et songer à leurs communes destinées.

J. ORBAN.

www.ingramcontent.com/pod-product-compliance
Lightning Source LLC
LaVergne TN
LVHW010411240826
846091LV00020B/3522
*9782011941244*